TURMA DA

Mônica

Pequeno Manual do MEIO AMBIENTE

Ecologia e biomas do Brasil para crianças

Dados Internacionais de Catalogação na Publicação (CIP)
Angélica Ilacqua CRB-8/7057

Nazario, Nina
Turma da Mônica : pequeno manual do meio ambiente : ecologia e biomas do Brasil para crianças / Nina Nazario ; ilustrações de Mauricio de Sousa. — Barueri, SP : Girassol, 2023.
64 p. : il., color.

ISBN 978-65-5530-650-7

1. Literatura infantojuvenil 2. Meio ambiente I. Título II. Sousa, Mauricio de

22-2001 CDD 028.5

Índices para catálogo sistemático:
1. Literatura infantojuvenil

2ª edição

Esta obra foi realizada em parceria com o WWF-Brasil, organização da sociedade civil brasileira, apartidária e sem fins lucrativos que há 25 anos trabalha para mudar a atual trajetória de degradação socioambiental. Atuamos para proteger espécies ameaçadas de fauna e flora, fortalecer a agricultura familiar, combater a destruição e restaurar os ecossistemas do país, defender os povos indígenas e comunidades tradicionais, e muito mais. Conheça nosso trabalho em wwf.org.br

GIRASSOL BRASIL EDIÇÕES LTDA.
Av. Copacabana, 325, Sala 1301
Alphaville – Barueri – SP – 06472-001
leitor@girassolbrasil.com.br
www.girassolbrasil.com.brr

Direção editorial: Karine Gonçalves Pansa
Assistente editorial: Laura Camanho e Leticia Dallacqua
Diagramação: Deborah Takaishi

Impresso no Brasil

Estúdios Mauricio de Sousa

Presidente: Mauricio de Sousa

Diretoria: Alice Keico Takeda, Mauro Takeda e Sousa, Mônica S. e Sousa

Mauricio de Sousa é membro da Academia Paulista de Letras (APL)

Diretora Executiva
Alice Keico Takeda

Direção de Arte
Wagner Bonilla

Diretor de Licenciamento
Rodrigo Paiva

Coordenadora Comercial Editorial
Tatiane Comlosi

Analista Comercial
Alexandra Paulista

Editor
Sidney Gusman

Revisão
Ivana Mello

Editor de Arte
Mauro Souza

Coordenação de Arte
Irene Dellega, Maria A. Rabello

Produtora Editorial JR.
Regiane Moreira

Livro criado e produzido nos Estúdios Mauricio de Sousa

Produção Editorial
Juliana Bojczuk

Layout e Desenho de Capa
Anderson Nunes

Designer Gráfico e Diagramação
Mariangela Saraiva Ferradás

Supervisão de Conteúdo
Marina Takeda e Sousa

Supervisão Geral
Mauricio de Sousa

MAURICIO DE SOUSA EDITORA

Condomínio E-Business Park - Rua Werner Von Siemens, 111
Prédio 19 – Espaço 01 - Lapa de Baixo – São Paulo/SP
CEP: 05069-010 - TEL.: +55 11 3613-5000

www.turmadamonica.com.br

TURMA DA
Mônica
Pequeno Manual
do
MEIO AMBIENTE
Ecologia e biomas do Brasil para crianças
Nina Nazario
MAURICIO
WWF
MAURICIO DE SOUSA EDITORA
GIRASSOL

Sumário

© Adriano Gambarini / WWF-Brasil

Introdução

- As plantas comem?
- Por que os insetos são importantes para a produção de alimentos?
- O que acontece com as coisas que jogamos fora?
- Como ajudar a preservar a natureza?
- O que é erosão?

Se você ficou curioso para descobrir as respostas dessas perguntas e aprender mais sobre o meio ambiente, vem com a gente! Neste livro, vamos falar sobre a importância da natureza, sobre os problemas ambientais e o que pode ser feito para evitá-los. Durante a leitura, você vai observar os seres vivos e os locais onde eles vivem. Além disso, também vai aprender o que você pode fazer para se tornar um guardião ambiental e ajudar o meio ambiente.

Desejamos muito aprendizado e bom divertimento!

Biologia básica

As plantas

De brincadeira, podemos falar que as plantas são seres vivos discretos. Elas não fazem barulho, não andam e nem falam, mas isso não diminui a importância delas, pois são essenciais na nossa vida!

As plantas se alimentam

As plantas produzem seu próprio alimento em um processo chamado fotossíntese. Elas absorvem água e nutrientes pelas raízes, gás carbônico e luz pelas folhas, e assim fabricam um tipo de açúcar, que é usado por elas para se desenvolverem. O açúcar pode ser armazenado em certas estruturas, como as folhas, o caule ou a raiz. A cenoura e a beterraba são exemplos de raízes que contêm açúcar fabricado pela planta.

As folhas dessa planta têm pigmentos diferentes, por isso são coloridas.

Olho-vivo

Que tal reparar na presença das plantas? Você já percebeu se existem muitas delas onde você vive? Elas estão na natureza, ou em espaços internos, como dentro das casas?
Já percebeu que existem plantas que vivem com as raízes na terra (terrestres), outras na água (aquáticas) e outras sob o caule de outras plantas (epífitas)?

A castanheira pode atingir até 50 metros de altura, o equivalente a um prédio de 16 andares.

Produção de gás oxigênio

Durante a fotossíntese, as plantas absorvem gás carbônico do ar através das suas folhas e liberam gás oxigênio, que é o gás que seres vivos usam na respiração. Ao mesmo tempo em que produzem o gás oxigênio, as plantas absorvem esse gás pelas folhas conforme respiram.

Olho-vivo

De que cor são as folhas das plantas ao seu redor? As folhas têm formato e tamanho parecidos?

Já te contaram?

A luz solar é absorvida nas folhas por um pigmento verde chamado clorofila, por isso muitas folhas são dessa cor. Mas existem outros pigmentos que dão cor às plantas, como os amarelos, vermelhos ou roxos.

O corpo das plantas

A maioria das plantas, como a castanheira, tem raiz, caule, folhas, flores, frutos e sementes. Mas outras, como as samambaias e os pinheiros, não possuem todas essas partes em sua estrutura.

Flor, fruto e semente

Nas plantas mais evoluídas, o aparelho reprodutor é formado por flores que formam os frutos e as sementes. O fruto protege as sementes, que podem germinar e dar origem a novas plantas.

Raízes como a de beterraba e a de cenoura crescem no solo. Essa parte da planta absorve a mistura de água e sais minerais.

A casca e a parte do abacate que comemos formam o fruto, e o caroço é a semente.

© Kari Schnellmann / WWF

Samambaia.

Já te contaram?

O amendoim e o pinhão, comidas típicas de festa junina, são exemplos de sementes.

Os animais

Eles vivem em ambientes variados. Dentro de casa, às vezes podemos encontrar uma lagartixa, mosca ou aranha, por exemplo. Já os ambientes naturais brasileiros abrigam macacos, cobras e pássaros, entre muitos outros animais.

O louva-a-deus é um inseto.

Quando a maré sobe, os mexilhões ficam cobertos de água, que contém pequenos pedaços de alimentos que chegam ao animal quando as conchas estão abertas.

Os animais se alimentam

Os animais precisam ingerir alimentos para sobreviver. Os animais podem viver fixos ou se deslocar em busca de alimento. Por exemplo, para os mexilhões e as anêmonas, que são fixos, o alimento chega até eles pelas água do mar. Os animais que se deslocam precisam ir em busca do alimento, podendo ser carne, como a águia (carnívora), ou vegetais, como a capivara (herbívora).

Olho-vivo

Os animais podem produzir sons. Repare. Você consegue ouvir diferentes sons, como o canto das cigarras ou de aves, o coaxar dos sapos, o zumbido de abelhas e mosquitos? Você acha esses sons agradáveis?

O ciclo de vida

Assim como as plantas, os animais têm um ciclo de vida: eles nascem, crescem, podem se reproduzir e morrem. Certos animais, como as joaninhas, as borboletas e os sapos, passam por metamorfose, ou seja, apresentam grandes mudanças no corpo durante o ciclo de vida. Os jovens são muito diferentes dos adultos e, às vezes, até parece que são de espécies diferentes.

O girino é a forma jovem do sapo adulto. Sapos, rãs e pererecas são exemplos de animais com metamorfose.

Locomoção

Os animais que se deslocam têm estruturas adaptadas a essa função. Os que possuem pernas podem caminhar, correr, saltar ou se pendurar em galhos, por exemplo. Já os animais com asas usam essas estruturas leves para empurrar o ar durante o voo. Outros, como as serpentes e minhocas, rastejam graças à contração e ao relaxamento de músculos do corpo. No ambiente aquático, os animais com nadadeiras empurram a água e controlam a direção do nado com essas estruturas.

Olho-vivo

Você já acompanhou o crescimento de algum filhote, como um cão ou um gato? Viu uma borboleta ou um sapo se desenvolverem? Notou se o animal se transformou enquanto se desenvolvia? Será que ele passou por uma metamorfose?

©PROJETO TAMAR

As tartarugas nascem de ovos.

Já te contaram?

Existem muitas espécies de animais e o grupo dos insetos é o que tem a maior diversidade de espécies.

A que horas do dia?

Nos períodos em que estão ativos, os animais podem buscar alimento, procurar parceiros para reprodução, construir abrigos, cuidar dos filhotes, entre outras coisas. Os animais que realizam suas atividades de dia são chamados diurnos, e os que realizam suas atividades à noite são noturnos.

© André Dib / WWF-Brasil

Os guarás são aves de hábito diurno.

Os seres decompositores

Se você já viu um pão mofado ou uma fruta podre, já teve contato com os organismos decompositores. São indesejáveis na cozinha, pois estragam os alimentos, a não ser que estejam lá de propósito e vão para a panela (como algumas espécies de cogumelo). Mas, na natureza, realizam uma função muito importante: decompor a matéria orgânica.

Quem são eles?

Os organismos decompositores são os fungos e as bactérias, além das minhocas. As minúsculas bactérias só podem ser vistas com o uso de microscópio. Porém, quando elas se multiplicam e formam colônias (grupos) de bactérias, são visíveis a olho nu. Já os fungos decompositores podem ser tanto microscópicos quanto macroscópicos. O fungo orelha-de-pau, encontrado em ambientes brasileiros, é um exemplo de organismo decompositor visível a olho nu.

© Staffan Widstrand / WWF

Fungos orelha-de-pau sobre galho.

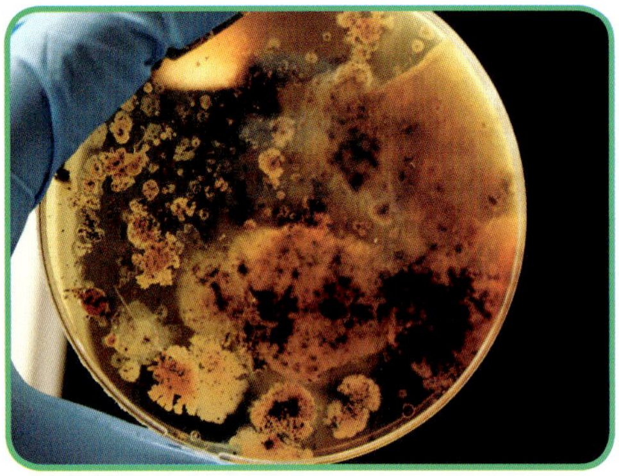

Nessa placa usada para pesquisa científica cresceram colônias de bactérias em combinação com pó de ferro.

A matéria orgânica

O corpo dos seres vivos é formado por matéria orgânica. Os ossos, o sangue e a pele de uma pessoa, por exemplo, são matéria orgânica, assim como as folhas das plantas, as fezes dos animais, os pelos de um cavalo também. Os restos dos seres vivos (como a urina ou o cadáver de animais e as folhas que caem das plantas) sofrem decomposição.

A decomposição

Os restos de seres vivos são quebrados pelos organismos decompositores e transformados em substâncias mais simples. Os decompositores se alimentam de parte da matéria orgânica decomposta. Ao mesmo tempo, na decomposição são liberados nutrientes que ficam no ambiente. Os sais minerais, por exemplo, ficam no solo e acabam sendo absorvidos pelas plantas.

Já te contaram?

Nem todo fungo é nocivo. Cogumelos como o *champignon*, o *shiitake* e o *shimeji* são comestíveis. Se você já comeu estrogonofe ou pratos da culinária japonesa, é possível que tenha provado esses saborosos fungos.

É possível montar uma composteira no quintal de uma casa ou mesmo em um apartamento.

Composto orgânico

Restos vegetais, cascas de ovos, sachês de chá (sem a etiqueta) e borra e filtro de café podem ser usados para formar composto orgânico. Sob a ação de seres decompositores, esses materiais são decompostos e viram adubo.

Olho-vivo

Pegue uma pequena porção de restos vegetais, como cascas de cenoura, e corte em pedacinhos com as mãos. Misture os restos à terra de um jardim ou vaso usando um graveto de madeira. Acompanhe o que acontece com as cascas ao longo dos dias.

Os fungos e as bactérias decompõem os restos de matéria orgânica dos ambientes. Sem eles, a pilha de folhas nas florestas seria enorme!

As cadeias alimentares

Sabia que toda vez que você come está participando de uma cadeia alimentar? Os seres vivos estabelecem relações entre si por meio da alimentação e assim formam as cadeias alimentares. Portanto, uma refeição com um saboroso sanduíche de frango e salada de frutas de sobremesa é uma oportunidade incrível para matar a fome e estudar ecologia!

As plantas, como a jabuticabeira, são organismos produtores.

Os produtores

As cadeias alimentares começam com os seres vivos que produzem seu próprio alimento, como as plantas, as algas e certas bactérias. Ao receber luz solar, esses organismos transformam a luz do sol em uma outra forma de energia, que é usada pelo organismo e também armazenada. Ao armazenar a energia, ela se torna alimento para outros seres vivos.

Os gafanhotos comem plantas, então são consumidores.

Os consumidores

Os seres vivos que não produzem o próprio alimento e ingerem comida para sobreviver são chamados de consumidores. Os consumidores podem se alimentar dos produtores ou de outros consumidores. No exemplo inicial, se alguém come frutas (que são partes de plantas), se alimenta de produtores. Se a pessoa come um pedaço de frango (um animal), se alimenta de um consumidor. Nos dois casos, a pessoa ocupou a posição de consumidor na cadeia alimentar e obteve energia dos alimentos ingeridos.

Os decompositores

Os decompositores participam de todas as cadeias alimentares, já que se alimentam de restos de seres vivos. Às vezes, os decompositores são invisíveis, mas estão presentes em locais como o solo, a água e sobre o corpo dos seres vivos.

© Fritz Pölking / WWF

Animais predadores, como a águia-pesqueira, são consumidores.

©Rattiya Thongdumhyu / Shutterstock

Essa é uma foto ampliada de minúsculas algas que vivem em ambiente aquático. Elas fazem fotossíntese e são o alimento de diversos seres vivos.

Olho-vivo

Observe um jardim ou um canteiro. Você consegue encontrar alguma cadeia alimentar?

Representação das cadeias alimentares

Uma cadeia alimentar pode ser representada por um esquema, dessa forma:

Planta (frutas e sementes) → Tucano → Gavião

O esquema tem os nomes dos seres vivos da cadeia e as setas que mostram a ligação entre eles. As setas sempre apontam na direção do organismo que recebeu o alimento. Como as espécies podem ter dietas variadas, um mesmo ser vivo pode participar de diferentes cadeias alimentares. O tucano, do exemplo anterior, pode formar outras cadeias, como a mostrada a seguir.

Planta → Gafanhoto → Tucano → Falcão

O tucano pode comer frutos. Ele é um consumidor.

Biomas brasileiros

A Mata Atlântica

A Mata Atlântica é um dos seis biomas continentais brasileiros. Ela tem esse nome porque, no passado, cobria grande parte do litoral do país, que é banhado pelo Oceano Atlântico. A Mata Atlântica é uma das regiões de maior biodiversidade no mundo, ou seja, que possui o maior número de espécies de animais e plantas.

Clima

A água que evapora do mar, dos rios e das cachoeiras da Mata Atlântica torna o ambiente úmido e chuvoso. Quando chove, parte da água não atravessa a floresta, porque as folhas das árvores mais altas acabam formando uma espécie de "guarda--chuva" florestal.

Flora

Palmeiras como o palmito-juçara e o jerivá, árvores como a embaúba e o manacá--da-serra, musgos e diversas bromélias e orquídeas são exemplos de plantas da Mata Atlântica. Como existem plantas com diferentes alturas, são formadas diferentes camadas de vegetação.

©Gustavo_Asciutti / Shutterstock

No tronco da copaíba existe um óleo que pode ser extraído e usado na fabricação de medicamentos e outros produtos. A extração precisa ser feita corretamente para não prejudicar a árvore

Mata Atlântica. A árvore florida é um manacá-da-serra.

© Adriano Gambarini / WWF-Brasil

Já te contaram?

No dia 27 de maio é comemorado o dia nacional da Mata Atlântica. Essa é uma data simbólica que nos lembra a importância do bioma e a necessidade de preservá-lo.

Fauna

Assim como a flora, a fauna da Mata Atlântica também é bastante diversificada. Lá vivem sapos, rãs, serpentes, aves, insetos, como borboletas e libélulas, felinos, como a jaguatirica e a onça-parda, entre outros animais.

© Andrew Jones / WWF

O muriqui é um animal diurno e come folhas, frutos e flores. O desmatamento e a caça ilegal ameaçam a sobrevivência dessa espécie.

Olho-vivo

Descubra a relação que existe entre o bioma Mata Atlântica e o nome do nosso país. Uma dica é começar pesquisando sobre o pau-brasil.

© Adriano Gambarini / WWF-Brasil

Vista de litoral da Mata Atlântica, localizada na Estação Ecológica Jureia – Itatins, litoral sul paulista.

Ocupação humana

Metade da população brasileira vive na Mata Atlântica. É nessa floresta tropical que estão as maiores cidades do país e onde acontecem diversas atividades, como a fabricação de produtos nas indústrias. Para dar espaço para pessoas e essas atividades, parte da vegetação foi substituída por construções, como casas, ruas, indústrias, e houve gasto de energia e outros recursos. Isso causou um impacto no ambiente.

Ameaças

Infelizmente, a maior parte da Mata Atlântica já foi destruída. O desmatamento, a agricultura e a criação de animais, a retirada ilegal de madeira, plantas e animais, o lixo e a poluição gerados nas cidades são algumas ameaças atuais ao bioma. Hoje, restam somente cerca de 12% da floresta que existia originalmente.

A Floresta Amazônica

Na Floresta Amazônica, ou Amazônia, há muitos e muitos rios, sendo o principal deles o Amazonas, um dos rios mais largos do mundo. É por isso que nessa região é muito comum as pessoas se deslocarem de barco. Esse tipo de transporte é chamado de transporte hidroviário, com muitas embarcações, como canoas, lanchas e balsas.

Clima

O clima é quente, úmido e chove bastante. A temperatura média geralmente fica acima de 25 graus Celsius. As fortes chuvas que caem sobre esse bioma não contêm apenas a água que evaporou na região da floresta. A água que evapora do oceano Atlântico dá origem a nuvens, e parte delas é carregada por ventos até a Floresta Amazônica.

Flora

Plantas como a vitória-régia, a samaúma, a castanheira e a palmeira-açaí habitam o bioma. A quantidade de água nos rios varia ao longo do ano, e certas plantas só são encontradas em áreas altas, que não inundam. Outras plantas vivem nas áreas que ficam encharcadas durante parte do ano, quando os rios enchem. E existem, ainda, as plantas das áreas mais baixas, de lugares que ficam permanentemente alagados.

A sumaúma cresce em áreas elevadas da floresta que nunca alagam. Essa árvore pode atingir até 40 metros de altura.

Embarcação do povo indígena Uru-Eu-Wau-Wau transportando pessoas no rio Jamari, em Rondônia.

© Marizilda Cruppe / WWF

Fauna

A Floresta Amazônica é o bioma brasileiro com maior número de espécies animais. Nos rios vivem o peixe-boi, a ariranha, a sucuri, o pirarucu, o tambaqui, o poraquê (enguia-elétrica), entre outros animais. A onça-pintada, os tamanduás, as araras, os periquitos e diversos insetos são exemplos dos animais terrestres.

O peixe-boi, apesar do nome, é um mamífero, não um peixe.

Já te contaram?

O corpo do peixe pirarucu é revestido por escamas que podem ter o tamanho de um polegar. Muito resistentes, essas escamas protegem o peixe de mordidas de predadores, como as piranhas.

Populações tradicionais

Na Floresta Amazônica existem diversas populações que vivem em contato próximo com a natureza. Os povos indígenas, os seringueiros (trabalhadores que coletam borracha da árvore seringueira) e os ribeirinhos (moradores da beira de rios que se sustentam pela pesca) são alguns exemplos dessas populações.

Ameaças

Apesar de parte da área original da Floresta Amazônica ter sido desmatada (cerca de 17%), este é o bioma brasileiro mais preservado. A floresta costuma ser derrubada para dar lugar a plantações, áreas de criação de animais, construção de cidades e exploração de minérios. Além disso, quando a vegetação é destruída com fogo, outros seres vivos acabam sendo queimados. O corte ilegal de árvores para obter madeira também é frequente, e essa madeira vai parar na maior parte das vezes no contrabando.

© André Dib / WWF-Brasil

A vitória-régia é uma planta aquática. Sua folha, que pode medir até 2 metros de diâmetro, tem uma dobra que acompanha toda a sua borda, dando a forma de uma bandeja.

Olho-vivo

Da próxima vez que acompanhar um adulto nas compras, observe se há alimentos com ingredientes originários da Floresta Amazônica, como a castanha-do-pará, o açaí, o cacau ou o guaraná.

© Zig Koch / WWF-Brasil

As sementes das castanhas-do-pará ficam protegidas dentro do fruto que parece um coco. Para consumir a castanha, primeiro é preciso retirar a casca dura que a envolve.

O Pantanal

O nome desse bioma já dá uma pista de como ele é. Assim como um pântano, o terreno do Pantanal é alagado. Nos meses de chuva constante, os rios transbordam, a água se espalha sobre a planície pantaneira. Depois, na estação seca, o nível dos rios diminui e as lagoas que se formaram anteriormente secam. Esse ciclo se repete continuamente.

Clima

No Pantanal, o clima é marcado por duas estações bem definidas: um inverno frio e seco e um verão quente e chuvoso.

Solo

Durante o período chuvoso, a água que vem das nascentes de rios traz materiais como terra, folhas e sementes até os rios pantaneiros. Nas enchentes, o terreno alaga e essa matéria orgânica e os sedimentos se espalham. Quando começa o período de seca, a matéria orgânica se deposita no solo, fertilizando-o.

©guentermanaus / Shutterstock

O chapéu-de-couro-de-folha-fina é uma planta aquática encontrada no Pantanal. Ela vive em áreas que alternam entre o terreno seco ou alagado ao longo do ano.

Vista aérea do Pantanal durante o período de cheia dos rios.

© André Dib / WWF-Brasil

Flora

Ao contrário da Mata Atlântica e da Floresta Amazônica, onde existem árvores bem altas, no Pantanal as árvores são mais baixas, de médio porte, como é o caso do cambará e dos ipês. No Pantanal também vivem plantas rasteiras, como certas gramíneas, e arbustos. E, com tantos rios, não poderiam faltar diversas espécies de plantas aquáticas, como a alface-d´água e o aguapé.

Já te contaram?

No Pantanal existem espécies de plantas que se desenvolvem tanto na água, durante o período de cheia dos rios, quanto em meio terrestre, durante o período da seca. Por causa dessa característica, elas são chamadas plantas anfíbias.

©Danita Delimont / Shutterstock

Ipês floridos no Pantanal.

Fauna

Em um passeio pelo Pantanal, podemos ser surpreendidos por animais como jacarés, capivaras, jararacas e por diferentes aves, como os tuiuiús e os cabeças-secas. Felinos como a onça--pintada e a jaguatirica também vivem nesse bioma. A variedade de peixes, como o bagre, o pacu e o pintado é enorme.

© Max Ribbink / WWF

Nem todo mundo sabe que a onça-pintada é uma excelente nadadora. Infelizmente, muitas onças do Pantanal morrem ou sofrem queimaduras durante as queimadas.

© Jaime Rojo / WWF

O tuiuiú é considerado a ave-símbolo do Pantanal.

Olho-vivo

Existem rios perto de onde você mora? Já avistou e observou capivaras na beira ou na água de um rio? Caso sim, o que você conseguiu descobrir sobre esse animal, que também é encontrado no Pantanal?

Ameaças

O desmatamento para plantar vegetais e criar gado, a contaminação da água e do solo com produtos agrícolas tóxicos, a destruição das nascentes de rios e as queimadas são exemplos de ameaças ao Pantanal. Infelizmente, no ano de 2020, quase 30% da área do bioma foi destruída por queimadas.

O Cerrado

O Cerrado, que é o segundo maior bioma do Brasil, também é chamado de savana brasileira. Isso porque a paisagem predominante no Cerrado e em outras savanas tropicais típicas, como as da África e da Austrália, é a de um campo. Há locais de vegetação rasteira, arbustos e poucas árvores. Mas há também lugares em que a vegetação pode ser mais densa e fechada.

Clima

Durante a primavera e o verão há uma estação chuvosa, e durante o outono e o inverno, uma estação seca.

Já te contaram?

O Cerrado é uma das regiões de maior biodiversidade do mundo e abriga muitas espécies endêmicas, ou seja, espécies que só existem nesse local!

© Ana Paula Rabelo / WWF

Cerrado típico. Os galhos retorcidos são uma característica marcante das árvores desse bioma.

Olho-vivo

Você sabia que o fogo nem sempre é um vilão no Cerrado? Que tal pesquisar como certas queimadas podem ajudar a enriquecer o solo com nutrientes?

© Adriano Gambarini / WWF-Brasil

O lobo-guará é um animal típico do Cerrado.

Flora

As paisagens do Cerrado recebem nomes diferentes, conforme a densidade da vegetação. No campo limpo, por exemplo, só existe vegetação rasteira e poucos arbustos. Já o campo sujo tem vegetação rasteira, porém com mais arbustos. No cerrado típico, além das plantas rasteiras, há arbustos e árvores baixas. E no cerradão, que parece uma floresta, as árvores são mais altas e abundantes.

©chrisontour84 / Shutterstock

As sempre-vivas são conhecidas popularmente como capim-dourado. São usadas por artesãos locais para fazer cestos, enfeites e outros objetos.

Já te contaram?

Mesmo na estação seca, o Cerrado continua rico em água. É nesse bioma que nascem rios e as grandes reservas de água doce armazenadas no subsolo que abastecem as principais bacias hidrográficas, de diferentes regiões do Brasil. É curioso que as plantas desse bioma têm raízes longas e ramificadas que justamente absorvem a água do solo.

©Tropicalvision / Shutterstock

O cabelo-de-índio é uma planta que dá flores logo após a queimada.

©Adilson Sochodolak / Shutterstock

Ramo da planta lobeira com fruto. Ela tem esse nome pois seu fruto é consumido pelo lobo-guará.

Fauna

Alguns representantes do Cerrado são o lobo-guará, o tamanduá-bandeira, o tatu-canastra, a ema e a cascavel. No bioma também vivem pererecas, pequenos lagartos, chamados popularmente de calangos, diversos insetos, como as abelhas-jataí e mandaçaia, entre outros muitos animais.

Ameaças

Grandes áreas do Cerrado foram e continuam sendo destruídas para dar lugar a hidrelétricas, plantações, pastos e cidades. A mineração, as queimadas feitas sem controle, a poluição, a caça, a extração de carvão e a retirada ilegal de madeira e de espécies da flora são outros exemplos de ameaças ao bioma.

O sagui-de-tufo-preto é uma espécie endêmica do Cerrado.

Olho-vivo

Você já experimentou alimentos do Cerrado, como a castanha-do-baru, o fruto do pequi ou a farinha do fruto do jabotá? Esses produtos são conhecidos em sua região?

A Caatinga

O nome desse bioma tem origem indígena. Em tupi-guarani, Caatinga significa "mata branca". Durante o período de seca, caem as folhas de muitas plantas. Nessa condição, o verde deixa de ser a cor predominante na paisagem.

©Elysangela Freitas / Shutterstock

O umbuzeiro é uma árvore da Caatinga que armazena água na raiz. Assim, ela sobrevive aos períodos mais secos do ano.

Clima

O clima é quente e seco. Há longos períodos de seca que podem durar até nove meses. As chuvas são raras e irregulares. Quando chove, em geral é no verão e por poucos meses.

Flora

As plantas resistem ao calor e à falta de água. A presença de espinhos no lugar de folhas é uma característica que evita a perda de água por evaporação, assim como ter folhas pequenas ou queda de folhas na seca. A capacidade de acumular água nas raízes e troncos também ajuda as plantas a sobreviver à estiagem. Exemplos de plantas encontradas nesse bioma são o juazeiro, o marmeleiro, a gameleira, a palmeira-carnaúba e diversos cactos, como o mandacaru, o coroa-de-frade e o quipá.

Já te contaram?

A temperatura do solo na Caatinga pode chegar a 60°C na estação seca, o que é próximo de medidas feitas no solo de desertos.

©Helissa Grundemann / Shutterstock

© Peter Caton / WWF

O aspecto da vegetação é bem diferente nos períodos seco (1) e chuvoso (2).

Fauna

A fauna também tem estratégias para sobreviver ao calor e à secura. Há animais que se abrigam do Sol durante o dia ou que possuem uma placa sobre o corpo que evita a perda d´água. Durante a seca, indivíduos de uma espécie de sapo ficam enterrados por 10 a 11 meses, sem água ou alimento, e saem quando começa a chover. O mocó, o tatu-bola, a cobra-caninana, a coruja-caburé e o gato-mourisco são exemplos de animais da Caatinga.

Já te contaram?

No final do século XIX e começo do século XX, bandos que viviam armados, chamados cangaceiros, circulavam pela Caatinga atacando e dominando fazendas e vilarejos do sertão nordestino.

© Adriano Gambarini / WWF-Brasil

O tatu-bola tem o corpo coberto por uma carapaça, por conta da caça e da destruição da Caatinga, esse animal está ameaçado de extinção.

O cacto-mandacaru é cheio de espinhos. A planta pode medir até 6 metros de altura.

Ameaças

O corte de madeira é a principal causa do desmatamento na Caatinga e faz dela o bioma menos preservado do Brasil. A lenha obtida pode ser transformada em carvão vegetal. Esses dois materiais, a lenha e o carvão, são usados como combustível em indústrias, residências e no comércio, como em pizzarias e padarias. A agricultura e a criação de gado sem controle também destroem o bioma com desmatamento, queimadas e poluição de rios e solo com substâncias tóxicas. Como resultado, a Caatinga está sofrendo desertificação (perda de umidade e fertilidade do solo). Infelizmente, cerca de metade da paisagem de Caatinga já foi deteriorada pela ação do ser humano.

Olho-vivo

Procure cactos para observar, sem tocar neles. De que cor eles são? Têm espinhos? Têm flores? Existem animais em cima ou perto deles?

Os Pampas

Quem não gosta de subir ladeiras, vai gostar de passear nos Campos sulinos ou Campos do Sul, ou ainda, como também são popularmente conhecidos, Pampas. Nesse bioma, existente apenas no estado do Rio Grande do Sul, há grandes planícies.

©alex rodrigo brondani / Shutterstock

Pampas. A vegetação do campo mostrado na foto é nativa. Isso significa que ela existia originalmente no local, não foi plantada.

Flora

Nas regiões planas, a vegetação é principalmente campestre, ou seja, sem árvores e com um campo extenso formado principalmente por plantas da família das gramíneas, que possuem folhas alongadas. No bioma também há arbustos e árvores, e perto dos rios se desenvolvem plantas mais altas e formam-se florestas. Nas áreas próximas ao litoral existem os banhados, ecossistemas alagados onde se desenvolvem plantas aquáticas.

Já te contaram?

Os Campos sulinos também são conhecidos como Pampa, palavra que tem origem na língua do povo indígena quíchua (ou quechua) e significa *região plana.*

Clima

O verão é quente, com temperaturas que chegam a 35° C, e o inverno é frio, com temperaturas que podem ficar negativas. O clima é chuvoso, sem período seco.

©Helissa Grundemann / Shutterstock

Os banhados atraem diversos animais, como a onça-pintada, a lontra e a capivara.

Relevo

Nos Pampas predominam as planícies, mas também existem porções mais elevadas do terreno que formam morros de formato arredondado. Em algumas áreas, a inclinação do terreno pode ser mais íngreme, formando serras.

©Celli07 / Shutterstock

Nem sempre o relevo é plano nos campos sulinos.

Fauna

Animais tipicamente campestres como a ema, o quero-quero, o graxaim-do-campo e o joão-de-barro habitam os Campos sulinos. O veado-campeiro, o gato-palheiro e o tamanduá--bandeira também dependem dos campos para sobreviver e, infelizmente, são exemplos de espécies do bioma ameaçadas de extinção.

Já te contaram?

Os gaúchos, que são as pessoas que nasceram ou vivem no Rio Grande do Sul, têm costume de tomar chimarrão, uma bebida quente feita com erva-mate e que parece um chá.

© Gustavo Fonseca / WWF-Brasil

Graxaim-do-campo.

©F.Neidl / Shutterstock

Capim-dos-pampas, uma espécie típica do bioma, com flores (ramos brancos)

Ameaças

A pecuária é a atividade econômica mais antiga da região. Quando o gado fica concentrado numa área campestre, destrói a vegetação natural ao se alimentar dela e ao pisotear o solo. A expansão da agricultura para cultivo de alimentos, como a soja e o arroz, e de espécies madeireiras, como o eucalipto, também destrói o bioma. Além do desmatamento e do fogo, os agrotóxicos aplicados nas plantações prejudicam a fauna, a flora, o solo e a água.

Olho-vivo

Como é o relevo do local em que você mora? É parecido com o dos Campos sulinos? Tem lugares planos onde é possível caminhar e enxergar o que está ao longe? Existem montanhas?

Os serviços da natureza

Dependência e conservação da natureza

O valor que cada ser vivo tem já seria suficiente para justificar a conservação da natureza e de todas as formas de vida. Mas os seres humanos têm ainda mais motivos para defender o meio ambiente. Você já percebeu que, para sobreviver, dependemos de recursos naturais, como madeira e água, e dos serviços proporcionados pelos seres vivos e ecossistemas?

A ação dos microrganismos

Já falamos sobre o importante papel dos microrganismos decompositores. Sem a decomposição, os restos de matéria orgânica ficariam acumulados nos ambientes. Mas a ação dos microrganismos não para por aí.

Produção de alimentos

O queijo, o iogurte, o pão e o vinagre são exemplos de alimentos produzidos com a participação de microrganismos. As leveduras, um tipo de fungo, são usadas na fabricação de pães. O fungo se alimenta de uma substância presente na farinha e libera um gás que deixa a massa do pão aerada e macia. Certas bactérias e fungos são usados para produzir queijos a partir do leite. Conforme se alimentam, os microrganismos produzem substâncias que mudam as características do leite, como o cheiro, o sabor e a textura.

Muitas receitas de pão caseiro têm fermento biológico. Esse ingrediente contém os fungos que fermentam a massa.

Os restos de flores caídas sobre o solo serão quebrados em pedaços menores pelos decompositores.

Produção de combustível

Os microrganismos participam da fabricação de combustíveis de origem vegetal, como o etanol e o biodiesel. O etanol, um combustível para carros, é fabricado a partir do caldo da cana-de-açúcar. Leveduras são misturadas ao caldo e, conforme elas se alimentam do açúcar da cana, produzem etanol e um gás. Então, o etanol é separado do resto do líquido para ser comercializado. Já o biodiesel, combustível usado para abastecer veículos como caminhões e ônibus, é produzido a partir do óleo de plantas como a soja, o girassol e a mamona.

O etanol é produzido por leveduras a partir do caldo da cana-de-açúcar. Na forma de combustível, é um aliado do ser humano, usado como uma alternativa à gasolina.

Produção de medicamentos

Muitos antibióticos, medicamentos usados para combater infecções causadas por bactérias, são produzidos a partir de bactérias e fungos. A insulina, uma substância usada no tratamento de pessoas com diabetes, pode ser produzida por bactérias que foram modificadas pelos cientistas para essa finalidade. Bactérias modificadas em laboratório também são usadas para produzir outros remédios, como pomadas cicatrizantes (aquelas que contêm uma substância que cicatriza feridas de pele), por exemplo.

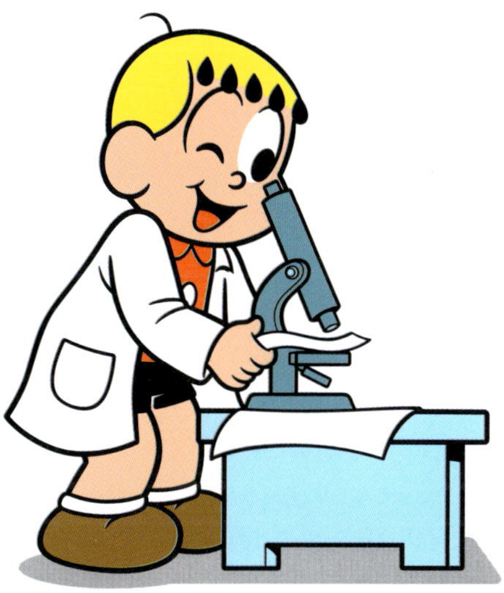

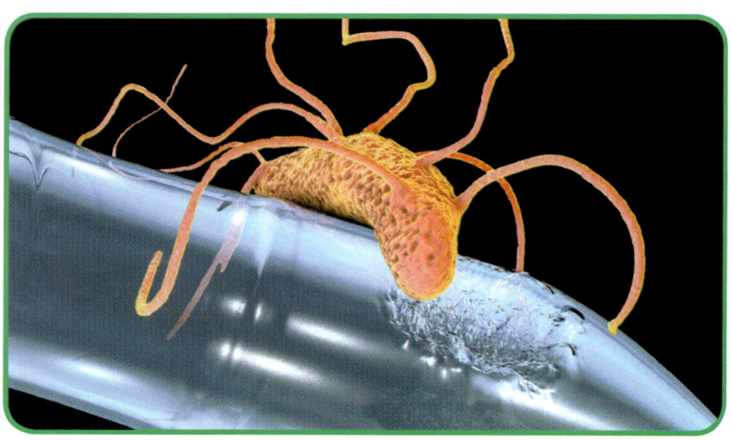

Ilustração da bactéria *Ideonella sakaiensis*. Ela é responsável pela deterioração de plásticos.

Redução da poluição ambiental

Os microrganismos podem ser usados para remover a poluição ambiental. A poluição causada por vazamentos de petróleo no mar pode ser combatida com bactérias que se alimentam desse óleo. A lenta degradação do plástico de garrafas PET pode ser acelerada com a ação de bactérias capazes de quebrar esse material. Como resultado, sobra menos lixo.

A ação dos polinizadores

As plantações de alguns vegetais que fazem parte da nossa dieta, como o arroz, o trigo e o milho, são polinizadas pelo vento. Porém, várias outras culturas agrícolas dependem de polinizadores, como abelhas, moscas, borboletas, vespas, aves e morcegos. Atraídos por cores, cheiros ou pelo néctar das flores, os polinizadores se aproximam delas e em seus corpos grudam-se grãos de pólen produzidos pela parte masculina da flor. Quando o polinizador voa e pousa em outras plantas, ele transporta o pólen para a parte feminina de flores da mesma espécie, polinizando-as.

Mesa farta

Depois da polinização, a planta forma frutos e sementes que, por conta da ação dos polinizadores, são de maior qualidade e produzidos em maior quantidade. Desse modo, a produção agrícola é suficiente e os consumidores podem comprar frutos e sementes melhores.

Você já pensou que sem os polinizadores poderia faltar suco de laranja e outros produtos?

Atração pelas flores

Os animais visitam as flores em busca de recursos oferecidos pelas plantas, como o pólen e o néctar, que servem de alimento. Já os óleos produzidos pelas flores, como o óleo floral da acerola, são usados por várias espécies de abelhas na construção de ninhos e na alimentação de larvas, as formas jovens de abelhas.

©JCLobo / Shutterstock

Plantação de maçã.

©NANCY AYUMI KUNIHIRO / Shutterstock

A palmeira-juçara é uma espécie nativa da Mata Atlântica que depende dos polinizadores para se reproduzir.

As plantações de tomate e de abóbora são visitadas por polinizadores. O fruto de tomate e o fruto e as sementes de abóbora são consumidos como alimento.

Olho-vivo

Na companhia de um adulto, observe insetos polinizadores. Que animais você encontrou? Como eles se comportam? Como são as flores que eles estão polinizando? Dica: evite usar perfume ou creme antes da observação, pois o aroma desses produtos pode confundir os polinizadores e atraí-los a você.

Já te contaram?

A agricultura depende dos polinizadores. De acordo com um estudo publicado por pesquisadores brasileiros em 2019, as abelhas polinizam plantações como as de café, tomate, laranja e manga, por exemplo.

Ameaças aos polinizadores

Com a destruição das áreas naturais e o uso inadequado de agrotóxicos nas plantações, os insetos polinizadores têm dificuldade para obter alimento e encontrar locais para construir seus ninhos. O agrotóxico pode matar esses polinizadores ou ter outros efeitos, como deixar o inseto sem orientação de voo.

Medidas necessárias

Para proteger os polinizadores é necessário, entre outras medidas, preservar as áreas naturais e criar leis para controlar e reduzir significativamente o uso dos agrotóxicos.

Saí-de-perna-amarela (*Cyanerpes caeruleus*), um polinizador.

Abelha mamangava polinizando uma flor do maracujá. As flores do maracujá servem de alimento a abelhas grandes, como a da foto.

O papel da água doce

A água é um recurso necessário para as pessoas e para todos os outros organismos que precisam manter o corpo hidratado para sobreviver. A água também pode ser o local de morada de seres vivos aquáticos, como os que vivem em rios, lagos e pântanos. Nesses ecossistemas são estabelecidas diversas cadeias alimentares.

Já te contaram?

A água pode ser classificada de acordo com a quantidade de sais minerais dissolvidos nela. A água salgada (ou salina) tem muito mais sais do que a água doce. Já a água salobra tem uma quantidade de sais intermediária entre a água salgada e a doce.

Ciclo da água

1. A água de rios, lagos e mares é aquecida pelo calor do Sol e evapora. Parte da água contida no corpo dos seres vivos também evapora.
2. O vapor de água sobe e se condensa, formando as nuvens, que podem conter gotículas de água ou partículas de gelo.
3. O vento pode empurrar as nuvens para outros locais. Quando chove ou neva, a água das nuvens cai sobre a superfície da Terra.
4. Parte da água da chuva penetra no solo e pode chegar nas reservas de água subterrâneas. A água que cai sobre os corpos d´água pode evaporar novamente.

Irrigação de plantação.

A vegetação e a água

As áreas naturais e os solos preservados ajudam a manter o ciclo e a qualidade da água. As raízes das plantas formam uma espécie de teia subterrânea que mantém o solo e o torna mais permeável à água do que solos desmatados. A água penetra lentamente nos solos de floresta e escorre aos poucos para os rios e os reservatórios subterrâneos. Esses mecanismos são importantes para permitir a oferta constante de água e evitar enchentes.

Já te contaram?

Rios com vegetação nas margens e localizados em áreas com vegetação preservada têm água de melhor qualidade do que rios de regiões muito afetadas por desmatamento e outras atividades humanas.

Olho-vivo

Da próxima vez que chover, repare se o ar parece ter ficado mais úmido. Você nota mudança na sensação da sua respiração?

© Adriano Gambarini / WWF-Brasil

A vegetação na margem dos rios é chamada de mata ciliar. Ela ajuda a manter a estrutura do solo da beira do rio, evitando deslizamentos de terra.

Atividades humanas

A água doce é extraída do ambiente e é utilizada pelos seres humanos para regar plantações, abastecer as casas e as indústrias, entre outras coisas. Além de fornecerem alimento, como peixes, aos seres humanos, as áreas de água doce podem ser usadas para o lazer e para o transporte aquático.

O papel do solo

O solo é essencial para o desenvolvimento da vida. É nele que as plantas crescem e onde vivem diversos organismos, como minhocas, formigas e microrganismos. Com o desenvolvimento das plantas, as cadeias alimentares, que começam com os organismos produtores, podem ser mantidas.

Ocupação humana

O solo é base para os seres humanos viverem. Nele são construídas moradias, ruas, cidades e acontecem atividades como o cultivo de plantas e a criação de animais.

Quando o solo é recoberto com materiais que o impermeabilizam, a água não o atravessa. Por isso, uma cidade sem áreas verdes pode ter problemas de enchentes.

O que tem no solo?

O solo contém partículas minerais, que são pedacinhos de rochas, além de matéria orgânica, ar e água. A areia e a argila são exemplos de partículas minerais e a quantidade desses materiais varia conforme o tipo de solo. Os solos ricos em matéria orgânica em geral são mais escuros, úmidos e mais férteis.

Olho-vivo

Você já notou que existem solos de cores diferentes? Observe o solo dos locais que você frequenta. Eles são escuros ou claros? Têm tons avermelhados ou amarelados? Eles são úmidos ou secos?

Sementes de copaíba germinando no solo da Mata Atlântica.

© Adriano Gambarini / WWF-Brasil

©Pixel-Shot / Shutterstock

Existem diferentes tipos de solo.

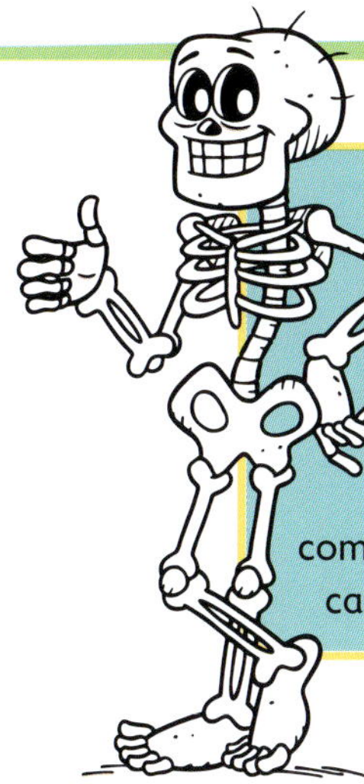

Já te contaram?

Os arqueólogos, profissionais que estudam os costumes e a cultura de povos antigos, escavam o solo em busca de achados arqueológicos. Nas escavações, eles podem achar peças como esqueletos humanos, ferramentas de caça e objetos domésticos.

Estoque de nutrientes

No solo ficam armazenados nutrientes necessários à vida. Por exemplo, os sais minerais resultantes da decomposição dos restos de seres vivos ficam disponíveis no solo, de onde são absorvidos pelas plantas.

Olho-vivo

Colete três colheres de sopa de solo. Se houver pedras ou pedaços de plantas na amostra, retire-os. Adicione um pouco de água ao solo e misture bem. Utilize um pincel para desenhar com a tinta feita de terra.

Participação no ciclo da água e filtração

Parte da água que é absorvida pelo solo fica armazenada nele. A outra parte pode ir parar em reservatórios de água profundos, ser absorvida pelas plantas ou ser utilizada pelos organismos que vivem no solo. A água é filtrada conforme atravessa o solo e chega aos reservatórios subterrâneos com melhor qualidade.

Fonte de materiais

Os vegetais que crescem no solo fornecem materiais úteis aos seres humanos, como a madeira usada para construir casas ou objetos, as fibras naturais que compõem diversos tecidos e os alimentos.

Escavação arqueológica. O solo tem importante papel na preservação do patrimônio cultural humano.

Certos tipos de formigas constroem ninhos no solo.

Ambientes naturais modificados

A natureza modificada

Os seres humanos utilizam a biodiversidade, o solo, a água e outros recursos naturais para sobreviver e melhorar sua qualidade de vida. Uma floresta, por exemplo, ajuda a manter o ciclo da água ao mesmo tempo em que pode ser um local de lazer e apreciação da paisagem. É de se esperar que alguns ambientes naturais sejam modificados com as atividades humanas. Porém, são preocupantes os casos em que as modificações ameaçam a continuidade dos ambientes ou geram muito lixo.

Extração de recursos naturais

Diariamente, temos contato com recursos naturais que foram retirados da natureza, como ao lavar as mãos com a água que sai da torneira ou ao sentar-se em um banco de madeira. Para evitar prejuízos ao ambiente, a extração dos recursos precisa ser feita de modo planejado.

Extração de água

Rios, lagos, represas e reservas subterrâneas são exemplos de fontes de água. Depois de ser extraída da natureza, a água deve passar por estações de tratamento para ficar própria para ser usada.

Extração de minerais

As rochas são formadas por minerais e alguns deles são utilizados na fabricação de produtos. O vidro é um exemplo de material que contém minerais. Ele possui areia em sua composição e os grãos de areia são formados a partir do desgaste de rochas. Os metais são minerais utilizados para fabricar diferentes objetos. O ferro, o aço e o alumínio podem ser usados para fabricar panelas, por exemplo. O cobre pode ser usado para fabricar fios elétricos e esculturas de arte, entre outras finalidades. Outros metais estão presentes em equipamentos eletrônicos, como *smartphones* e computadores.

Além de retirar os minerais do ambiente, a mineração modifica bastante o ambiente e pode comprometer a qualidade do solo e da água.

As represas construídas para o abastecimento público de água permitem acumular esse recurso natural no período chuvoso para utilizá-lo durante momentos de seca.

Extração de madeira

Mesas, cadeiras, estantes, pisos, embarcações, instrumentos como o violão e o piano são exemplos de objetos com madeira em sua composição. O papel e o papelão também. A extração de madeira em florestas naturais deve seguir um conjunto de regras que buscam a preservação ambiental. A madeira também é extraída de plantações, como as de eucalipto.

Credit: © Michel Gunther / WWF

As florestas cultivadas são uma alternativa ao desmatamento e costumam ter apenas uma espécie vegetal. Quando as árvores atingem determinado tamanho, são cortadas para fornecer madeira.

Extração de fibras vegetais

As fibras do algodoeiro são uma das matérias-primas mais utilizadas pela indústria de tecido. Depois da extração, as fibras de algodão são transformadas em fios que serão tecidos. Das folhas do sisal são obtidas fibras duras usadas para fabricar cordas, barbantes, tapetes, redes. Já a palmeira-piaçava fornece uma fibra longa, flexível e impermeável usada na fabricação de vassouras, esteiras e coberturas de quiosques, entre outros usos.

Fibras de sisal secando em varal. Essa planta é resistente à seca e ao Sol intenso, por isso é cultivada em locais áridos, como em certas áreas do bioma Caatinga.

Construção de cidades

As cidades concentram grande número de pessoas. E para que a população more e realize suas atividades nesses locais, é preciso modificar o ambiente natural original.

Impermeabilização do solo

Enquanto os pedestres circulam em calçadas de concreto, os carros se movem nas ruas de asfalto. Durante a construção de uma cidade, a vegetação é cortada, o solo é recoberto por materiais de construção civil e fica impermeável à água. Sem poder penetrar no solo, a água da chuva se acumula na superfície e pode formar enchentes.

Olho-vivo

Na próxima vez que chover, fique de olho no comportamento da água. Ela é absorvida por diferentes pisos, como um canteiro de terra, um gramado, o asfalto e a calçada?

©Andrew Ostry / Shutterstock

O asfalto é usado para criar as vias de circulação de veículos. Sobre o solo original são formadas ruas e avenidas.

Algumas cidades podem ser muito populosas e movimentadas. As atividades desenvolvidas pelas pessoas têm impactos no ambiente, como a transformação da paisagem e a produção de lixo. Na foto, um retrato da Avenida Paulista, no coração de São Paulo, a cidade mais populosa do país.

Poluição

O lixo produzido pelos habitantes das cidades precisa ter destino correto, senão pode poluir o ambiente. Já a qualidade do ar pode ser afetada com os poluentes liberados por veículos, indústrias e outras atividades. A poluição sonora, por sua vez, é causada por ruídos como os de motor de carros e de máquinas ou da fala das pessoas.

Escapamento de carro liberando poluentes (1) e excesso de fios nos postes da rede elétrica (2). A poluição do ar e a poluição visual são problemas frequentes em muitas cidades.

©Thiago Leite / Shutterstock

Os materiais usados na construção das cidades, como o dos telhados, absorvem e armazenam o calor do Sol. Com isso, aumenta a temperatura nas cidades e elas se transformam em ilhas de calor.

Ilhas de calor

Os materiais das construções urbanas, como o asfalto, o cimento e o concreto, armazenam o calor do Sol. Além disso, as indústrias, os veículos e as atividades humanas são fontes de calor. Por isso, a temperatura nas cidades acaba sendo mais alta do que nas áreas vizinhas, como as áreas rurais.

Já te contaram?

Superfícies de cor escura armazenam mais calor do que as de cor clara. Por isso, algumas cidades procuram combater o problema da temperatura elevada pintando ruas e telhados escuros com uma cor mais clara.

Olho-vivo

À noite, aproxime a mão de superfícies que ficaram expostas ao Sol durante o dia, como um muro de concreto, o asfalto ou pisos de diferentes materiais. Para evitar queimaduras, não encoste nas superfícies. Você sente o calor emitido pelos materiais?

Importância das áreas verdes

As áreas verdes deixam os ambientes mais frescos. As plantas armazenam menos calor do que os materiais da construção civil e produzem sombra. Elas também resfriam o ar conforme liberam vapor de água. Além disso, durante a fotossíntese, as plantas absorvem o gás carbônico. Esse é um dos gases responsáveis pelo aquecimento do ar atmosférico, pois causa um processo chamado efeito estufa.

© WWF-Brasil

As áreas verdes urbanas, como as de hortas urbanas, têm diversas funções. Entre outras coisas, a vegetação colabora na manutenção do ciclo da água, ajuda a conservar o solo e deixa o ambiente mais fresco.

Ameaças aos biomas brasileiros

Infelizmente, grandes áreas dos biomas brasileiros foram destruídas ou muito modificadas. Sobre as áreas originais foram construídas cidades, plantações, áreas de pastoreio de gado, entre outras coisas. A vida dos animais foi afetada e a qualidade do solo, da água e do ar dos biomas acabou sendo prejudicada com as atividades humanas.

Plantação de soja no Cerrado.

Olho-vivo

Em geral, a vegetação plantada pelos seres humanos, como a de cultivos de alimento, transmite uma sensação de maior organização que a vegetação nativa. Acompanhe o exemplo: em uma floresta vivem diversas espécies de plantas. Já numa floresta de eucaliptos que foram plantados para fornecer madeira, só existe uma espécie. Nesse caso, todas as plantas são parecidas, pois foram plantadas na mesma época e estão distribuídas de maneira organizada, em fileiras.

Agora, preste atenção nas paisagens dos locais que você frequenta. Você encontra sinais de que a vegetação foi plantada? Ou parece que a vegetação já existia naquele local? Você pode observar matas de beira de rio, plantas existentes nas calçadas ou em parques e jardins.

Já te contaram?

A pecuária (criação de gado) pode prejudicar a qualidade do solo. Primeiro porque muitas vezes a vegetação é retirada para formar as pastagens, o que prejudica a capacidade do solo de absorver e armazenar água. O solo descoberto se torna mais frágil, pois fica exposto ao vento, à chuva e ao Sol e seus grãos podem se soltar e serem carregados para outros locais. Além disso, conforme o gado anda, suas pisadas amassam o solo, que fica mais compacto e com menos ar.

O ambiente acaba sendo mais prejudicado quando muitas cabeças de gado são criadas em uma área pequena do que quando os animais ficam mais espalhados.

Pecuária intensiva.

Olho-vivo

Os animais silvestres vivem na natureza, onde devem ser mantidos. Muitos deles, como papagaios, araras, periquitos e micos são capturados de forma ilegal para serem vendidos como animais de estimação. Quando tirados da natureza, os animais silvestres sofrem, podendo ter dificuldades para crescer e se reproduzir. Ajude a proteger os biomas explicando para seus conhecidos que não devemos comprar animais silvestres.

©Marcos Cesar Campis / Shutterstock

Papagaio encarcerado em uma gaiola. É uma das espécies mais traficadas.

© André Dib / WWF-Brasil

Madeira cortada na área protegida de Peruaçu, Minas Gerais.

© Juliana Arini – WWF-Brasil

Queimadas no Pantanal, em 2021.

© WWF-Brasil

Vaca é socorrida em meio às queimadas no Pantanal, em 2021.

Já te contaram?

As queimadas que atingiram o Pantanal no ano de 2020 provocaram muita destruição. Infelizmente, muitos animais morreram e os que sobreviveram ficaram sem alimento e sem água.

Diversos profissionais e instituições entraram em ação para oferecer tratamento para a fauna sobrevivente. Os atendimentos de primeiros-socorros incluíam, por exemplo, a aplicação de curativos e pomadas nas partes do corpo queimadas, a imobilização de ossos quebrados e tratamentos para combater a desidratação causada pelo calor das chamas. Também foram criados pontos de alimentação no bioma, com comida e água, já que as reservas de alimento dos animais foram destruídas no incêndio.

© Adriano Gambarini / WWF-Brasil

Erosão às margens do rio Tapajós, PA.

© Juozas Cernius / WWF

Rio com água poluída por lixo descartado de forma indevida.

A sustentabilidade e os cuidados com o planeta

Cuidados com o planeta

É preciso evitar que os espaços naturais sejam totalmente modificados pelas atividades humanas. Por isso, precisamos adotar medidas que diminuam os prejuízos ao ambiente.

Proteção ambiental

Muitos recursos naturais utilizados pelos seres humanos podem acabar se forem extraídos sem controle. Existe também o risco de esses recursos ficarem em más condições de uso. Por exemplo, a água se torna imprópria para o consumo humano se estiver poluída e solos degradados não podem ser utilizados para o cultivo de alimentos.

Por causa da preocupação com o futuro dos recursos naturais, foi criada uma proposta de desenvolvimento econômico que valoriza a conservação da natureza.

O desenvolvimento sustentável

O desenvolvimento sustentável procura combinar o desenvolvimento econômico com a preservação dos recursos naturais para que as futuras gerações possam usufruir deles. Além disso, esse modelo de desenvolvimento também valoriza o desenvolvimento social. Existe uma preocupação em garantir que todas as pessoas tenham acesso a seus direitos básicos, como o direito à alimentação e à saúde e o de trabalhar e obter renda.

Energias não renováveis

Diversas atividades humanas dependem de energia para acontecer. As fontes de energia não renováveis, como o petróleo e o gás natural, são formadas a partir de processos naturais que levam milhões de anos. Elas são consideradas energias que acabam, justamente porque demoram bastante tempo para serem formadas e estão sendo muito retiradas da natureza. A utilização dessas fontes de energiam também causam poluição e mudança climática.

A madeira retirada de plantações pode ser transformada em carvão vegetal. Esse carvão é usado como combustível em grandes fornos da indústria de produção de aço.

Já te contaram?

O plástico e a gasolina são produzidos a partir do petróleo.

Energias renováveis

As energias renováveis permanecem disponíveis na natureza ou podem ser renovadas em pouco tempo, como a energia solar e a energia dos ventos.

Olho-vivo

Repare se na sua casa a iluminação natural é bem aproveitada. As janelas permitem a entrada da claridade do sol? É possível manter as lâmpadas apagadas durante o dia?

O etanol é um combustível fabricado a partir de uma fonte de energia renovável, a cana-de-açúcar.

Painéis solares captam energia solar e a convertem em energia elétrica.

Já te contaram?

As energias solar e dos ventos podem ser transformadas em energia elétrica. A energia gerada pode ser armazenada em baterias e utilizada, por exemplo, para aquecer a água do chuveiro ou acender lâmpadas de uma casa.

O vento movimenta as hélices de turbinas eólicas como as da foto. A energia gerada passa por uma rede de transmissão e distribuição e de lá é enviada para residências, pontos comerciais e indústrias.

Uso sustentável da água e do solo

As atividades econômicas desenvolvidas de forma a preservar os recursos naturais e a garantir os direitos das pessoas podem ser consideradas atividades sustentáveis. Confira como a água e o solo podem ser utilizados de modo sustentável.

A mineração responsável

A água é usada em muitos processos da atividade mineradora, como para lavar os minerais. A água que sobra contém substâncias que serão descartadas, chamadas de rejeitos.
Existem tecnologias que permitem reduzir a quantidade de água consumida no processo de lavagem dos minerais e recuperar a água que contém rejeitos para ser utilizada em outras atividades. Já os rejeitos podem ser usados na fabricação de tijolos, telhas, cerâmica e cimento.
Depois que ocorre a mineração, o solo da área pode ser recuperado, por exemplo, com a adição de matéria orgânica e a aplicação de sistemas que evitam a erosão, que é o desgaste e o arraste do solo.

Já te contaram?

Uma torneira fechada que continua pingando desperdiça 10 litros de água por dia se o gotejamento for lento (até 40 gotas por minuto). Se o gotejamento for rápido (entre 80 e 120 gotas por minuto), o desperdício chega a 32 litros de água por dia!

Olho-vivo

Fique atento para fechar com firmeza torneiras, chuveiros e mangueiras e evitar o desperdício de água. E que tal verificar se na sua casa existem torneiras pingando? Caso sim, talvez seja preciso trocar alguma peça para resolver o problema.

©Paulo de Abreu / Shutterstock

O terraceamento evita a erosão e a lavagem de nutrientes do solo. Nas plantações de terrenos inclinados são construídas barreiras de terra e canais para conter a água da chuva.

Os alimentos orgânicos são livres de agrotóxicos e seu cultivo não polui o solo nem a água.

A pecuária sustentável

Para evitar que o solo seja muito pisoteado e compactado pelo gado, é preciso controlar a quantidade de animais nas pastagens. Assim a erosão é prevenida e são mantidos os espaços que permitem a entrada de água da chuva no solo. Em certos casos, também é recomendável usar as pastagens naturalmente existentes nos biomas, evitando o corte da vegetação original.

A agricultura sustentável

Diferentes técnicas podem ajudar a conter a erosão do solo nas áreas de plantio. Em terrenos inclinados, o cultivo em terraços diminui a velocidade de passagem da água da chuva, contendo o arraste do solo. Já a cobertura do terreno com palha seca, antes do plantio das sementes, protege o solo de chuvas fortes, do Sol e do vento. A agricultura orgânica, que utiliza adubos naturais no lugar dos industriais (que podem conter substâncias tóxicas), evita a contaminação do solo e da água e protege a saúde dos agricultores e consumidores.

Rebanho de bezerros, em Itinga, Minas Gerais, em propriedade familiar, criação sustentável.

O lixo

Você sabe quanto lixo produz por dia? Segundo os dados de um relatório do ano de 2020, cada brasileiro produz, em média, cerca de um quilo de lixo por dia. Agora imagine essa quantidade de lixo multiplicada pelo número de pessoas que moram no Brasil... é muita coisa, não? E, infelizmente, cerca de 40% do lixo descartado no país vai parar em locais inadequados, como os lixões. Nesses locais, o lixo não tem tratamento adequado e polui o ambiente.

Nos lixões não existe sistema de coleta e tratamento dos resíduos gerados na decomposição do lixo, por isso o solo fica poluído. Outros problemas são o mau cheiro e a presença de animais que causam doenças.

Olho-vivo

Você tem vontade de comprar tudo o que vê? Sente que as propagandas deixam com mais vontade de consumir? Reflita sobre esses temas. Será que você realmente precisa do que quer comprar?

Redução de consumo

A primeira medida para combater o problema do lixo é reduzir o consumo. Comprando somente o necessário é possível diminuir a retirada de recursos naturais do ambiente e produzir menos materiais que serão descartados futuramente.

Bolsa produzida com material reciclado, restos de embalagens e materiais descartáveis. Você também pode transformar o lixo em arte!

Reutilização

Muitos materiais descartados podem ser reutilizados. Dá para transformar uma garrafa de vidro em um delicado vaso de flores. Uma embalagem de cereais de papelão pode ser recortada, enfeitada com papel decorado e virar um porta-livros. E que tal usar potes plásticos de sorvete para guardar alimentos ou objetos variados?

Reciclagem

A reciclagem é um processo industrial que permite transformar materiais recicláveis descartados em novos produtos, reduzindo a quantidade de lixo produzido. Assim, objetos como caixas de papelão, latas de metal, potes de vidro e embalagens plásticas são separados pelos consumidores, encaminhados para a coleta seletiva e reciclados nas indústrias.

Olho-vivo

Pesquise que tipo de lixo é gerado na sua casa. Tem materiais que poderiam ser reutilizados?

Já te contaram?

Existem diversas iniciativas de fabricação de tijolos feitos de lixo. A composição dos tijolos varia conforme a "receita" do criador. Podem ser usadas matérias-primas como lixo orgânico, materiais recicláveis e não recicláveis e lixo industrial.

Cada cor de lixeira indica um tipo de material reciclável: vermelho para plástico, amarelo para metal, verde para vidro e azul para papel. O material orgânico é depositado em lixeira à parte.

Lixo orgânico

Se for depositado em composteiras, o lixo orgânico se transforma em adubo para as plantas. Além disso, várias receitas culinárias têm cascas de frutas ou talos vegetais como ingredientes.

Polpa feita dos restos de cenouras e beterrabas.

Olho-vivo

Perceba se você desperdiça alimento nas refeições. Você enche o prato e depois não consegue comer o que pegou?

Consumo consciente

Existem maneiras mais sustentáveis de consumo de produtos e recursos naturais. O consumidor consciente tem atitudes que protegem a natureza e os direitos das pessoas.

Produtos duráveis e reutilizáveis

Os produtos descartáveis, a maioria deles feitos de plástico, acabam virando lixo que vai demorar muitos anos para ser decomposto. Por isso, quando possível, é melhor utilizar produtos duráveis. As sacolas reutilizáveis, também chamadas de *ecobags*, podem substituir as sacolinhas plásticas na hora das compras.

Você conversa com os seus amigos sobre o que vocês podem fazer para ajudar a proteger o meio ambiente? Juntos vocês podem ter ideias bem interessantes.

Copos reutilizáveis de silicone. Por serem dobráveis, são ótimas opções para transportar e evitar o uso de copos descartáveis fora de casa.

Olho-vivo

Que tal ter um copo resistente que você pode levar para os lugares que frequenta e beber água nele? Assim você não precisa usar copos plásticos descartáveis toda vez que sentir sede.

Um pai e seu filho com sacola reutilizável para as compras.

©WWF

Extração sustentável de açaí, no Acre.

Uso sustentável dos recursos naturais

Algumas ações ajudam a economizar água e eletricidade. Fechar a torneira durante a escovação dos dentes, permanecer no banho somente o tempo necessário e reaproveitar a água da chuva para limpar o chão são exemplos de ações que economizam água. Manter as luzes apagadas nos ambientes desocupados, desligar aparelhos elétricos que não estão em uso e evitar a utilização excessiva do ar-condicionado são atitudes de economia de eletricidade.

Produtos sustentáveis

Produtos feitos com matérias-primas ilegais, como penas de animais silvestres ou espécies em extinção, não devem ser consumidos. O consumidor consciente também verifica se as pessoas envolvidas na produção e comercialização do produto tiveram seus direitos respeitados durante o processo.

Olho-vivo

Experimente fazer uma lista das coisas que você quer comprar e depois pense sobre a necessidade desses produtos. O planejamento ajuda a evitar as compras por impulso.

Já te contaram?

Alimentos quentes não devem ser guardados na geladeira, porque o motor precisa trabalhar mais para manter a temperatura baixa e isso aumenta o gasto de energia elétrica.

Já te contaram?

Suportes de plantas eram feitos com xaxim, uma planta nativa da Mata Atlântica e que ficou ameaçada de extinção por causa da sua exploração. A fibra do coco-verde é um material alternativo e sustentável para a produção desses suportes.

©Fotolivia / Shutterstock

Vasos de plantas feitos com fibras de coco-verde, um material sustentável. Em vez de ser jogada no lixo, a casca do coco é reaproveitada e ajuda a proteger uma planta ameaçada, o xaxim.

Selo Procel

Eletrodomésticos mais eficientes gastam menos energia. Uma dica é procurar pelos produtos que tenham o Selo Procel, que garante que o eletrodoméstico está entre os mais eficientes. Seguindo essa dica, o consumidor contribui para o consumo sustentável de energia, colaborando com a proteção do meio ambiente e economizando na conta de luz.

©PROCEL

Selo Procel de Economia de Energia - Eletrobrás/ Procel

Turismo consciente

É possível ter atitudes sustentáveis na hora do passeio e da diversão. O turista consciente fica atento às características dos locais que visita e aos moradores da região e interage com o ambiente e as pessoas de maneira adequada.

Os ambientes naturais merecem ser apreciados com calma e contemplação. Aproveite para explorar outros sentidos além da visão, como a audição.

Nas unidades de conservação abertas ao público há atrativos turísticos, como cachoeiras, mirantes e trilhas de caminhada.

Cuidados necessários

Em alguns ambientes naturais existem placas de visitação com as orientações a seguir, que informam sobre as atitudes do turista consciente.

Não tire nada além de fotos.
Não deixe nada além de pegadas.
Não mate nada além de tempo.
Não leve nada além de lembranças.

Esses são lembretes para trazer de volta o lixo produzido no passeio, não prejudicar os seres vivos e nem coletar plantas, conchas ou outros materiais.

Olho-vivo

No turismo de observação da vida silvestre, os animais são apreciados em seu ambiente natural, sem afetar a liberdade e a integridade deles. Fique atento para não participar do turismo que desrespeita os animais. Há pessoas que capturam, tratam mal e sedam os animais apenas para que os turistas paguem para tocar neles e tirar fotos.

© WWF-Brasil

Um visitante desatento perde a oportunidade de ver pegadas de animais, como as de onça-pintada da foto 1, ou de sentir o perfume de frutos, como os de caju da foto 2.

© WWF-Brasil

Crianças e adultos podem observar aves. Essa atividade não interfere nem no comportamento nem no ambiente dos animais e ajuda a desenvolver o gosto pela natureza.

Já te contaram?

As unidades de conservação (UCs) são áreas de conservação ambiental protegidas por lei. Dependendo do tipo da UC, são permitidas atividades como pesquisa, visitação, ações de educação ambiental e extração controlada de recursos naturais. Ou seja, uma UC é tocável, porém com medidas que garantam sua manutenção por mais tempo. Há outras áreas que são chamadas Áreas de Preservação Permanente (APP). Elas são protegidas, cobertas ou não por vegetação nativa, com a função ambiental de preservar os recursos hídricos, a paisagem, a estabilidade geológica e a biodiversidade, facilitar o fluxo da fauna e da flora, proteger o solo e assegurar o bem-estar das populações humanas. Essas são áreas naturais intocáveis, com rígidos limites de exploração, ou seja, não é permitida a exploração econômica direta.

Olho-vivo

Você pode explorar um ambiente com o tato ou a audição. Na companhia de um adulto, experimente tocar nas superfícies de troncos e folhas para sentir suas texturas. Ou simplesmente feche os olhos por alguns instantes e preste atenção aos sons.

Atenção na natureza

Floresta, campos e outros ambientes naturais são diferentes dos ambientes urbanos. Vale a pena prestar atenção aos detalhes do local visitado, como a existência de trilhas ou pegadas de animais, a variedade de cheiros e as sensações de calor ou frio. Também é preciso ficar atento a situações que podem representar perigo, como buracos no chão ou plantas com espinhos.

Os moradores locais

Os moradores de regiões turísticas podem ter um modo de vida diferente daquele que os turistas têm. É importante respeitar e valorizar a cultura e o trabalho dos profissionais locais. Por exemplo, na contratação de um guia de turismo, vale dar preferência a uma pessoa que nasceu na região.

Glossário

Adubo
Substância aplicada ao solo que contém nutrientes.

Agrotóxico
Produto sintético utilizado no extermínio de pragas agrícolas.

Bioma
Conjunto de vida vegetal e animal constituído por tipos de vegetação parecidos e que ocupam um determinado espaço em conjunto, com condições de solo e clima específicos.

Cadeia Alimentar
Sequência em cadeia de seres vivos que servem de alimentos para outros organismos.

Consumidores
Os seres vivos que não produzem o próprio alimento e ingerem comida para sobreviver. Podem se alimentar dos produtores ou de outros consumidores.

Desmatamento
Derrubada de árvores e destruição de matas, que pode causar graves alterações no ecossistema.

Decomposição
Processo em que fungos e bactérias se alimentam de matéria orgânica, como a de folhas de plantas ou de cadáveres de animais. Os decompositores quebram o material em partes menores, liberando nutrientes e sais minerais no ambiente.

Decompositores
Seres vivos (fungos e bactérias) responsáveis por realizar a reciclagem da matéria orgânica na cadeia alimentar. Participam de todas as cadeias alimentares, já que se alimentam de restos de seres vivos.

Erosão
Desgaste da superfície do solo.

Extinção
Desaparecimento definitivo de uma espécie.

Fotossíntese
Processo em que as plantas produzem seu próprio alimento. Elas absorvem água e nutrientes pelas raízes, gás carbônico e luz pelas folhas, e fabricam um tipo de açúcar que é o seu alimento.

Herbívoro
Animal que come plantas ou algas.

Matéria orgânica
É o material que forma o corpo dos seres vivos. Ossos, fezes, restos de seres vivos, folhas caídas, por exemplo, contêm matéria orgânica.

Metamorfose
O corpo de alguns animais sofre mudanças significativas até se tornarem adultos. Metamorfose é o nome que se dá a esse processo.

Minério
Mineral extraído de rochas que tem valor econômico.

Predador
Animal que mata outros animais para alimentar-se deles.

Presa
Animal abatido por outro animal para servir de alimento.

Produtores
Seres vivos que produzem seu próprio alimento.

Reciclagem
Reaproveitamento industrial de materiais recicláveis descartados (papel, plástico, metal, vidro) na produção de novos produtos.

Serrapilheira
Camada que reveste o solo de florestas formada por restos de plantas (como galhos, folhas e frutos).

Silvicultura
Ciência que estuda métodos de regeneração e melhorias de florestas.

Índice

Créditos

1 – Árvore Castanheira: © Gustavo Ybarra / WWF; 2 – Beterraba: PhotoMIX-Company/Pixabay; 3 – Cenoura: Schwarzenarzisse / Pixabay; 4 – Coleus: Skyler Ewing/ Pexels; 5 – Samambaia: © Kari Schnellmann / WWF; 6 – Abacate: stevepb / Pixabay; 7 – Mexilhão: donieve / Pixabay; 8 – Tartaruga marinha: PROJETO TAMAR; 9 – Louva-a-deus: © Zig Koch / WWF-Brasil; 10 – Guarás: © André Dib / WWF-Brasil; 11 – Fungo orelha-de-pau: © Staffan Widstrand / WWF; 12 – Placa de petri: vollkornapfel / Unsplash; 13 – Serrapilheira: Tarcisio Schnaider / Shutterstock; 14 – Composteira: melGreenFR / Pixabay; 15 – Jabuticabeira: heloenniareis / Pixabay; 16 – Gafanhoto: © Kari Schnellmann // WWF; 17 – Tucano: Claiton Conto / Pexels; 18 – Águia-pesqueira: © Fritz Pölking / WWF; 19 – Fitoplâncton: Rattiya Thongdumhyu / Shutterstock; 20 – Mata atlântico: © Adriano Gambarini / WWF-Brasil; 21 – Muriqui: © Andrew Jones / WWF; 22 – Copaíba: Gustavo_Asciutti / Shutterstock; 23 – Litoral da Mata Atlântica: © Adriano Gambarini / WWF-Brasil; 24 – Barco na Amazônia: © Marizilda Cruppe / WWF; 25 – Sumaúma: LoggaWiggler / Pixabay; 26 – Peixe-boi: PublicDomainImages / Pixabay; 27 – Castanha-do-pará: © Zig Koch / WWF-Brasil; 28 – Vitória-régia: © André Dib / WWF-Brasil; 29 – Vista aérea do Pantanal: © André Dib / WWF-Brasil; 30 – Tuiuiú: © Jaime Rojo / WWF; 31 – Ipês no pantanal: Danita Delimont / Shutterstock; 32 – Planta chapéu-de-couro-de-folha-fina: guentermanaus / Shutterstock; 33 – Onça-pintada: © Max Ribbink / WWF; 34 – Cerrado: © Ana Paula Rabelo / WWF; 35 – Lobo-guará: © Adriano Gambarini / WWF-Brasil; 36 – Tucano: Claiton Conto / Pexels; 37 – Planta cabelo de índio : Tropicalvision / Shutterstock; 38 – Planta Lobeira: Adilson Sochodolak / Shutterstock; 39 – Sagui de tufo preto: Magali Guimarães / Pexels; 40 – Capim dourado: chrisontour84 / Shutterstock; 41 – Caatinga seca: Helissa Grundemann / Shutterstock; 42 – Caatinga chuvosa: © Peter Caton / WWF; 43 – Umbuzeiro: Elysangela Freitas / Shutterstock; 44 – Mandacaru: fps30 / Pixabay; 45 – Tatu-bola: © Adriano Gambarini / WWF-Brasil; 46 – Campos sulinos: alex rodrigo brondani / Shutterstock; 47 – Banhados dos campos sulinos: Helissa Grundemann / Shutterstock; 48 – Elevação de terreno (pampas): Celli07 / Shutterstock; 49 – Graxaim-do-campo: © Gustavo Fonseca / WWF-Brasil; 50 – Flor dos campos sulinos (cortaderia selloana): F.Neidl / Shutterstock; 51 – Flores no chão: Hans / Pixabay; 52 – Pão caseiro: PhotoMIX-Company / Pixabay; 53 – Fermento biológico: Michelle Lee Photography / Shutterstock; 54 – Etanol: IADE-Michoko / Pixabay; 55 – Ideonella sakaiensis: Kateryna Kon / Shutterstock; 56 – Pomar: JCLobo / Shutterstock; 57 – Abelha Mamangava: NANCY AYUMI KUNIHIRO / Shutterstock; 58 – Tomate: Pavlofox / Pixabay; 59 – Semente de abóbora: siobhandolezal / Pixabay; 60 – Suco de laranja: brunoalmeidamacha-do2/ Pixabay; 61 – Palmeira-juçara: NANCY AYUMI KUNIHIRO / Shutterstock; 62 – Saí-de-perna-amarela: Martin Mecnarowski / Shutterstock; 63 – Irrigação em plantação: Domínio público / PXhere; 64 – Rio com mata ciliar: © Adriano Gambarini / WWF-Brasil; 65 – Sementes germinando o solo: © Adriano Gambarini / WWF-Brasil; 66 – Diferentes tipos de solo: Pixel-Shot / Shutterstock; 67 – Formigas no solo: Domínio público / PXhere; 68 – Chuva sobre asfalto: lillolillolillo / Pixabay; 69 – Escavação arqueológica: JamesDeMers / Pixabay; 70 – Represa em Paraibuna: FabricioMacedoPhotos / Pixabay; 71 – Mineração/garimpo: © Adriano Gambarini / WWF-Brasil; 72 – Extração de madeira: © Michel Gunther / WWF; 73 – Fibra de sisal secando: BabaMu / Pixabay; 74 – Cidade brasileira: Eduardo Dutra / Pexels; 75 – Pavimentação: Andrew Ostry / Shutterstock; 76 – Poluição do ar: Ben_Kerckx / Pixabay; 77 – Poluição visual (fios): AbsolutVision / Pixabay; 78 – Horta urbana: © WWF-Brasil; 79 – Vista aérea de cidade cinza: Thiago Leite / Shutterstock; 80 – Foto de monocultura de soja no Cerrado: Rogeiro.Gama39 / Shutterstock; 81 – Madeira cortada: © André Dib / WWF-Brasil; 82 – Erosão do solo: © Adriano Gambarini / WWF-Brasil; 83 – Assoreamento de rios: Ronaldo Almeida / Shutterstock; 84 – Queimadas: © Juliana Arini – WWF-Brasil; 85 – Animal resgatado no pantanal: © WWF-Brasil; 86 – Pecuária: Gabriela Cheloni / Pexels; 87 – Caça ilegal: Marcos Cesar Campis / Shutterstock; 88 – Poluição em rios: © Juozas Cernius / WWF; 89 – Plantação de cana-de-açúcar: Adrienne Andersen / Pexels; 90 – placas solares: Pixabay / Pexels; 91 – Fornalha: Erdenebayar / Pixabay; 92 – Turbinas eólicas: Al3xanderD / Pixabay; 93 – Claraboia: babylass / Pixabay; 94 – Cultivo em terraço: Paulo de Abreu / Shutterstock; 95 – Cultivo orgânico: Jonathan Kemper / Unsplash; 96 – Pecuária sustentável: Vinicius Pontes / Pexels; 97 – Lixão: Emmet / Pexels; 98 – Lixeiras de material reciclável e orgânico: Pawel Czerwinski / Unsplash; 99 – Reaproveitamento de partes de alimentos: bakecycle / Shutterstock; 100 – Reaproveitamento de mate-riais: ariesa66 / Pixabay; 101 – Pessoa usando sacola reutilizável: Timur Weber / Pexels; 102 – uso de copo reutilizável: Cottonbro / Pexels; 103 – Vaso de planta feito com fibra de coco: Fotolivia / Shutterstock; 104– Selo Procel: PROCEL; 105 – Direitos das pessoas envolvidas na obtenção de um produto: © WWF-Brasil; 106 – Observação de aves: © WWF-Brasil; 107 – Som de um ambiente: zztendh97 / Pixabay; 108 – turistas recolhendo o lixo: WWF; 109 – Pegadade animal: © WWF-Brasil; 110 – Caju: Mika48 /Pixabay; 111 - Ciclo da água: © WWF-Brasil.

Foto: Lailson dos Santos

Mauricio de Sousa nasceu em 27 de outubro de 1935, numa família de poetas e contadores de histórias, em Santa Isabel, no interior de São Paulo.

Ainda criança, mudou-se para Mogi das Cruzes, onde descobriu sua paixão pelo desenho e começou a criar os primeiros personagens. Aos 19 anos, foi para São Paulo tentar trabalhar como ilustrador na Folha da Manhã (hoje Folha de S.Paulo). Conseguiu apenas a vaga de repórter policial.

Em 1959, publicou sua primeira tira diária, com as aventuras do garoto Franjinha e do seu cãozinho Bidu.

As tiras de Mauricio de Sousa espalharam-se por jornais de todo o país, levando-o a montar um estúdio que hoje dá vida a mais de 400 personagens.

Em 1970, lançou a revista Mônica e, em 1971, recebeu o mais importante prêmio do mundo dos quadrinhos, o troféu Yellow Kid, em Lucca, na Itália. Seguindo o sucesso de Mônica, outros personagens também ganharam suas próprias revistas, que já passaram pelas editoras Abril e Globo e atualmente estão na Panini. Dos quadrinhos, eles foram para o teatro, o cinema, a televisão, a internet, parques temáticos e até para exposições de arte.

Foto: Tatiana Nahas

Nina Nazario é Mestre em Ecologia pela Universidade de São Paulo (USP), com ênfase em conservação ambiental e ecologia humana. É Bacharel e Licenciada em Ciências Biológicas pela USP.

Autora de livros infantojuvenis sobre biomas brasileiros, publicou as obras impressas Nina no Cerrado, Nina na Mata Atlântica e Nina no Pantanal e um livro virtual sobre formigas saúva, Pedro e as formigas.

Ministrou cursos e oficinas sobre ambiente e educação ambiental para professores do ensino fundamental da rede pública, estudantes e comunidade em geral. Trabalhou em projeto de coleta seletiva de lixo e em projetos sociais de melhoria de qualidade de vida de populações de áreas urbanas e rurais.

Sua principal atividade é a elaboração e a edição de materiais didáticos de Ciências da Natureza (obras governamentais e para o mercado privado).

Saiba mais em www.ninanazario.com.br e ninanocerrado.wordpress.com/